# MODÈLES D'ANALYSES

## DE

# PROCÈS-VERBAUX

### POUVANT S'APPLIQUER

### A TOUS LES CAS QUI SE RENCONTRENT DANS LE SERVICE DE LA GENDARMERIE

## 4ᵉ ÉDITION

### Revue, corrigée et augmentée

IMPRIMERIE LIBRAIRIE MILITAIRE
H.C.L.
PARIS

PARIS | LIMOGES
11, Place St-André-des-Arts. | 46, Nouvelle Route d'Aixe, 46.

HENRI CHARLES-LAVAUZELLE

Éditeur militaire.

—

1895

# MODÈLES D'ANALYSES

## DE

# PROCÈS-VERBAUX

# MODÈLES D'ANALYSES

DE

# PROCÈS-VERBAUX

POUVANT S'APPLIQUER

A TOUS LES CAS QUI SE RENCONTRENT DANS LE SERVICE
DE LA GENDARMERIE

---

## 4ᵉ ÉDITION

Revue, corrigée et augmentée

PARIS | LIMOGES
11, Place Saint-André-des-Arts | 46, Nouvelle route d'Aixe, 46

HENRI CHARLES-LAVAUZELLE

Éditeur militaire.

---

1895

# MODÈLES D'ANALYSES

DE

# PROCÈS-VERBAUX

POUVANT S'APPLIQUER

## A tous les cas qui se rencontrent dans le service de la gendarmerie.

---

## RÈGLE GÉNÉRALE

*Écrire les noms propres en gros caractères et très lisiblement.*

---

# CHAPITRE PREMIER.

## ARRESTATIONS.

Nota. — 1° Les procès-verbaux d'arrestation doivent être individuels. — 2° Ils mentionneront toujours que les individus arrêtés ont été minutieusement fouillés. — 3° Le signalement figurera toujours à la suite du procès-verbal. — 4° Pour les arrestations en vertu de mandats de justice, mentionner dans le corps du procès-verbal : le nom, la qualité et la demeure du juge mandant; la date des mandats et les faits, quand on pourra les connaître, dont les individus sont prévenus.

Toutes les fois que c'est possible, les P.-V. doivent mentionner les prénoms, le lieu de naissance, l'âge, le domicile et la profession des inculpés non arrêtés (Circ du 12 août 1859). Y ajouter également, après les signatures, les renseignements pour l'application de la loi du recrutement lorsqu'il s'agi d'un crime ou d'un délit grave (classe à laquelle il appartient, canton dans lequel il a tiré au sort, numéro de tirage) (Circ. du Ministre de la justice en date du 31 mai 1883).

1. L'arrestation en flagrant délit d'assassinat;

2. L'arrestation en flagrant délit de meurtre;
3.     —      —     de vol;
4.     —      —     d'escroquerie;
5.     —      —     comme perturbateur;
6.     —      —     comme embaucheur;
7.     —      —     d'incendie;
8.     —      —     de contrebande;

9. L'arrestation pour colportage d'écrits ou d'emblèmes séditieux, ou de fausses nouvelles;

10. L'arrestation pour vente d'écrits sans autorisation;

11. L'arrestation en vertu d'un mandat d'arrêt;

12. L'arrestation en vertu d'un mandat d'amener;

13. L'arrestation en vertu d'un mandat de dépôt;

14. L'arrestation en vertu d'un extrait de jugement;

15. L'arrestation pour rébellion ou outrages envers la gendarmerie;

16. L'arrestation pour port illégal d'uniforme ou de décorations;

17. L'arrestation pour mendicité, défaut de papiers et vagabondage ou rupture de ban;

18. L'arrestation comme porteur, détenteur

ou distributeur d'armes, ou de munitions de guerre ;

19. L'arrestation pour avoir chassé masqué ou la nuit, etc.,

Du nommé MONGLADE (Lucien), 40 ans, serrurier, né à....., canton de..... (Isère).

20. L'arrestation comme évadé de la maison d'arrêt de.....(Drôme) du nommé PAS-CANAT (Jules), 30 ans, menuisier, né à....., canton de..... (Ain), condamné à 5 ans de prison pour vol ;

21. L'arrestation comme évadé du bagne de ..... du nommé JUD (André), 40 ans, tailleur d'habits, né à....., canton de..... (Haute-Vienne), condamné à 20 ans de travaux forcés pour vol ;

22. L'arrestation comme évadé du dépôt de mendicité ou de l'asile des aliénés de..... du nommé PETIT (Pierre), 30 ans, sans profession, né à....., canton de..... (Haute-Vienne).

23. L'arrestation comme évadé des mains de la gendarmerie du nommé COSTE (Pierre), 25 ans, forgeron, né à....., canton de..... (Gard), condamné à deux ans de prison pour vol ;

24. L'arrestation en vertu d'un signalement numéro 1 ;

25. L'arrestation comme déserteur ;

26. — pour absence illégale,

Du nommé TARDIEU (François), 23 ans, né à....., canton de..... (Cantal), soldat de 2ᵉ classe au 2ᵉ régiment d'infanterie ou marin du vaisseau l'*Océan*, déserteur ou absent depuis le..... 189...

27. L'arrestation comme insoumis du nom-

mé JOLIBOIS (Georges)..... ans, né à....., canton de..... (Haute-Garonne), de la cl..18.., désigné pour le 15ᵉ régiment de dragons ou réserviste de la classe 18.. ou territorial de la classe 18.., qui n'a pas répondu à l'appel pour une période d'instruction.

28. L'arrestation du nommé J. X....., né à..... (Nord), âgé de....., se disant mécanicien, pour s'être fait servir à boire et à manger chez le sieur B....., aubergiste à..... (Pas-de-Calais), sachant qu'il était dans l'impossibilité absolue de payer.

# CHAPITRE II

## CRIMES.

Nota. — Ne jamais citer d'articles du Code pénal, la plupart étant sujets à des interprétations que la jurisprudence a fixées, il est vrai, mais qui sont généralement inconnues des gendarmes.

29. Un assassinat commis à....., canton de..... (Haute-Vienne), sur le nommé JOUANNEAU (Jean), 44 ans, boulanger à....., canton de..... (Haute-Vienne), par le nommé THOMAS (Auguste), 35 ans, journalier à....., canton de..... (Creuse). Ou auteur inconnu. Ou auteur soupçonné, le nommé......

30. Une attaque sur la voie publique commise contre le nommé BOULAN (Jacques), marchand de bestiaux à....., canton de..... (Seine-et-Oise), par le nommé GUY (Léon), 40 ans, charpentier à....., canton de..... (Lozère).

31. Un attentat à la pudeur commis sur la nommée GRIGNON (Jeanne), 19 ans, couturière à....., canton de..... (Aisne), par le nommé BEROT (Pierre), berger au même lieu.

32. L'émission de fausse monnaie à..... (Lozère) par un inconnu ou par le nommé APTS (Léon), 45 ans, fondeur à....., canton de..... (Cantal).

33. Un empoisonnement commis à..... (Yonne) par le nommé PERTON (Pierre), 27 ans, fermier audit lieu, sur la nommée BRUN (Marie), sa femme.

34. La fabrication de fausse monnaie à..... (Yonne), par un inconnu ou par le nommé APTS (Léon), 38 ans, mouleur à....., canton de..... (Aisne).

35. Un incendie par malveillance (1) au préjudice du sieur MULLER (Pierre), fermier à..... (Hérault). Auteur inconnu ou auteur soupçonné, le nommé GESTIN (Jean), 37 ans, voiturier à....., canton de..... (Gard). Pertes, 2,000 fr. environ. Assurance de 3,000 fr. ou sans assurance.

36. Un infanticide commis sur un enfant nouveau-né ou âgé de 6 mois, du sexe masculin, par sa mère, la fille ou la femme PIC (Adèle), 20 ans, domestique à..... canton de..... (Ariège).

---

(1) L'incendie *par malveillance* doit être démontré par les preuves les plus convaincantes. L'estimation des pertes n'est qu'approximative et reproduite en chiffres ronds.

(*)

37. Un meurtre commis à..... (Haute-Garonne), sur le nommé JOUANNEAU (Jean), 35 ans, boulanger à..... canton de..... (Haute-Garonne), par un inconnu ou par le nommé FELICIEN (Jules), 47 ans, serrurier à..... canton de..... (Gironde).

38. Une tentative d'assassinat ;

39.  —  d'empoisonnement ;

40.  —  de viol,

Commise à..... canton de..... (Nord), sur la nommée MERINDOL (Marie), 21 ans, couturière à....., canton de..... (Nord), par le nommé THOMAS (Auguste), 41 ans, maçon à....., canton..... (Nord).

41. Un viol commis sur la nommée GRIGNON (Marie), 20 ans, couturière à ...., canton de..... (Eure), par le nommé FABRE (Jean), 28 ans, menuisier à..... canton de..... (Eure)....

42. Un vol (indiquer successivement les objets et leur valeur) commis à l'aide d'escalade et d'effraction au préjudice du sieur BAU (Antoine), propriétaire à....., canton de..... (Isère). Auteur soupçonné, le nommé BOMPART (Jean), 32 ans, domestique audit lieu, ou auteur inconnu.

43. Un avortement procuré à la nommée F. M..... ,âgée de....., demeurant..... (Vosges), par le nommé X. P....., médecin à..... (Vosges).

44. Tentative d'avortement pratiquée sur elle-même par la nommée J. V....., âgée de....., demeurant à..... (Vosges), avec les conseils de la nommée P. R., sage-femme à....., âgée de.....

45. Menaces de mort, sous conditions, par

écrit anonyme ou signé, par le nommé P.
J....., cultivateur, âgé de 40 ans, demeurant
à..... (Eure), contre le sieur X....., cultivateur
au même lieu.

## CHAPITRE III

### DÉLITS.

*Nota.* — 1º Sauf pour les délits de chasse, il vaut
mieux ne pas citer les articles de loi ou du Code pénal
pour les motifs donnés au chapitre II. — 2º Ne jamais
omettre de signaler au bas du procès-verbal que l'original a été visé pour timbre et enregistré en débet,
dans tous les cas où cette formalité doit être remplie
(art. 491 du décret du 1er mars 1854). — 3º Reproduire les signatures des personnes qui, dans certains
cas, peuvent avoir été appelées à signer avec les ré-
dacteurs.

46. Un délit de chasse au fusil, sans per-
mis, en temps non prohibé ;

47. Un délit de chasse au fusil, en temps
prohibé ;

48. Un délit de chasse avec des engins
prohibés ;

49. Un délit forestier dans la forêt de Ro-
chechouart ;

50. Un délit de pêche en temps prohibé ;

51. Un délit de pêche avec des engins
prohibés,

Commis par le nommé DEVAU (Jules),
28 ans, plâtrier à....., canton de..... (Gironde).

52. Une escroquerie d'une somme de 200
francs commise au préjudice du sieur FOUR-
NIER (Jean), propriétaire à..... canton de.....
(Gironde), par le nommé CADET (Pierre), 21
ans, menuisier à....., canton de..... (Gironde).

53. Une falsification de pain, café, etc. (indiquer la denrée), par le nommé RIBOT (Georges), boulanger ou épicier à..... canton de..... (Loir-et-Cher), avec matières nuisibles à la santé (1).

54. Une mutilation d'arbres (perte, 50 fr.), au préjudice du sieur LUCAS (Jean), propriétaire à....., canton de..... (Haute-Vienne). — Auteur soupçonné, le nommé MATHIEU (Louis), 40 ans, journalier audit lieu.

55. Une rébellion ou des insultes proférées contre la gendarmerie, par le nommé BRUET (Joseph), 40 ans, cultivateur à....., canton de..... (Yonne).

56. Une rixe survenue à....., canton de..... (Hérault), entre les nommés BERTRAND (Jules), maçon à....., canton de..... (Corrèze), et LECONTE (Jean), journalier à....., canton de..... (Hérault).

57. La saisie d'armes ou de munitions de guerre au domicile ou sur la personne du nommé PERRIER (Louis), 40 ans, propriétaire à....., canton de..... (Gard).

58. La saisie d'engins de chasse prohibés (2) sur le nommé JANTON (Pierre), 50 ans, propriétaire à....., canton de..... (Gard.

(1) Les denrées sont saisies.
(2) Hors le flagrant délit, la gendarmerie n'a pas le droit de rechercher dans le domicile d'un citoyen des engins prohibés, à moins qu'elle n'y ait été autorisée par une ordonnance du juge d'instruction. (Arrêt de la cour de Rennes du 10 avril 1847.) — Un réquisitoire du procureur de la République ne suffirait pas pour autoriser les recherches à domicile. (Cour de Rouen, 31 janvier 1845.)

59. La saisie d'un fusil de chasse abandonné (1) par un délinquant demeuré inconnu.

60. La saisie d'un jeu de hasard tenu par le nommé JUSTIN (Alexandre), 27 ans, journalier à....., canton de..... (Gard). (Récidive.)

61. La saisie de lettres transportées en fraude par le nommé SIMON (François), voiturier à....., canton de..... (Aisne).

62. La saisie de marchandises prohibées ou transportées en fraude sur le nommé ou au domicile du nommé RENOUARD (Jules), 33 ans, voiturier à..... (Eure).

63. La vente à faux poids ou fausses mesures de pain, vin, etc., par le nommé BRUN (Jean), boulanger ou boucher à....., canton de....: (Calvados) (2).

64. La vente, avec des poids ou mesures différents de ceux que la loi en vigueur a établis, de pain, vin, etc., par le sieur X....., boulanger à..... (Yonne) (2).

65. Des voies de fait suivies de blessures exercées sur le nommé OGIER (Pierre), serrurier à..... (Eure), par PROPIN (Jean), maçon à ....., canton de..... (Eure).

66. Un vol (indiquer les objets et leur valeur) commis au préjudice du sieur JAC (Jules), propriétaire à..... (Somme). — Auteur inconnu ou auteur soupçonné le nommé PHILIPPE (François), 19 ans, domestique audit lieu.

---

(1) Il est expressément défendu de désarmer un chasseur.

(2) Les poids et mesures faux ou non usités sont toujours saisis. Ces délits peuvent n'être que de simples contraventions quand il y a peu de gravité et la première fois.

# CHAPITRE IV

## CONTRAVENTIONS.

NOTA. — 1° Pour toute espèce de contravention, on relatera, dans le corps du procès-verbal, les articles et la date de la loi, du décret, du règlement ou de l'arrêté en vertu desquels la contravention a lieu, et, lorsqu'il s'agira du Code pénal, on citera les articles seulement. — 2° Ne jamais omettre d'indiquer au bas du procès-verbal que l'original a été visé pour timbre et enregistré en débet (art. 492 du décret du 1er mars 1854). — 3° Toutes les fois qu'une contravention a lieu chez un particulier, qu'il soit ou non présent, il est responsable, s'il est le chef de la maison; c'est donc à son nom que le procès-verbal est dressé, et non à celui de sa femme, de son enfant, de son domestique ou autre. (Ex. : Retard à la fermeture des cafés.) — Lorsque la contravention a lieu hors de la maison, le procès-verbal est dressé au nom du contrevenant même; et il suffit de citer le nom du patron ou du père dans le corps du procès-verbal. (Ex. : Domestique monté et endormi sur la charrette qu'il conduit.)

67. Une contravention à la police du roulage pour longueur d'essieu au-dessus de 2m50;

68. Une contravention à la police du roulage pour saillie des moyeux au-dessus de 12 à 14 centimètres;

69. Une contravention à la police du roulage pour clous à tête de diamant, ou formant saillie de plus de 5 millimètres sur la bande;

70. Une contravention à la police du roulage

pour voiture attelée de plus de 5 ou 8 chevaux (marchandises) (1);

71. Une contravention à la police du roulage pour voiture attelée de plus de 3 ou de 6 chevaux (voyageurs) (1);

72. Contravention à l'art. 7 du règlement du 10 août 1852 pour franchissement des barrières de dégel, etc.;

73. Une contravention à la police du roulage pour traverser un pont suspendu au trot, etc.;

74. Une contravention à la police du roulage pour ne pas s'être rangé à sa droite et n'avoir pas laissé libre au moins la moitié de la chaussée;

75. Une contravention à la police du roulage pour stationnement sans nécessité (2) sur la voie publique d'une voiture attelée ou non attelée;

76. Une contravention à la police du roulage pour chargement ayant plus de 2^m,50 de largeur;

77. Une contravention à la police du roulage pour largeur de collier excédant 0^m,90 centimètres;

78. Une contravention à la police du roulage pour défaut de distance entre chaque convoi;

79. Une contravention à la police du roulage pour défaut de guides ou monté et endormi sur sa voiture;

---

(1) L'emploi de chevaux de renfort n'est autorisé que là où les poteaux l'indiquent. En temps de neige ou de verglas, l'on peut atteler à une voiture autant de chevaux que l'on veut et alors il n'y a pas contravention.

(2) L'interdiction n'est pas absolue et le règlement doit être appliqué avec intelligence et modération.

80. Une contravention à la police du roulage pour défaut d'éclairage ;

81. Une contravention à la police du roulage pour défaut de plaque, ou plaque fausse, ou plaque illisible ;

82. Une contravention à la police du roulage pour diligence non conforme aux règlements ;

83. Une contravention à la police du roulage pour défaut de lettre de voiture ;

84. Une contravention à la police du roulage pour postillon ayant quitté ses chevaux ou ivre ou n'ayant pas 16 ans au moins, etc., etc.,

Commise par le nommé MICHEL (Pierre), domestique à....., canton..... (Eure).

85. Une contravention de simple police (chien errant ou sans collier ou pour n'avoir pas retenu son chien) ;

86. Une contravention de simple police (retard à la fermeture des lieux publics);

87. Une contravention de simple police (défaut de registre, ou défaut d'inscription de voyageurs, ou refus de montrer ce registre);

88. Une contravention de simple police (cheval abandonné, ou divagation d'animaux, ou fous furieux);

89. Une contravention de simple police (voiture abandonnée dans une rue);

90. Une contravention de simple police (dépôt de matériaux);

91. Une contravention de simple police (auberge sans lanterne);

92. Une contravention de simple police (animaux morts non enfouis);

93. Une contravention de simple police (matériaux ou tranchée sans éclairage);

94. Une contravention de simple police (feu de cheminée);

95. Une contravention de simple police (mauvais traitements envers les animaux) (1):

96. Une contravention de simple police (bruit et tapage nocturne);

97. Une contravention de simple police (jet d'immondices ou corps durs sur des personnes);

98. Contravention pour avoir omis d'écheniller malgré l'arrêté, etc., etc;

99. Contravention pour refus d'acceptation de monnaies nationales ou étrangères, comprises dans la convention monétaire, ni fausses ni altérées, selon la valeur pour laquelle elles ont cours;

100. Contravention pour tenue de jeu de hasard ou loterie dans les rues, chemins, sur les places publiques, etc. (1re fois) (2);

101. Contravention pour exposition et mise en vente de comestibles gâtés ou corrompus ou nuisibles (3),

Commise par le nommé ANDRÉ (Jules), cafetier et aubergiste à....., canton de..... (Creuse).

102. Une contravention au règlement sur les convois militaires commise par DUROT (Paul), convoyeur à....., canton de..... (Doubs).

103. Une contravention de grande voirie (dégradations de routes, de fossés bordant la

---

(1) Ne jamais omettre dans le corps du procès-verbal s'il y a récidive.

(2) Saisir les instruments de jeux, etc.

(3) Détruire ces comestibles.

route, etc.) commise par LOGAT (Jean), voiturier à..... (Doubs).

104. Une contravention pour ivresse mani-
feste et publique (1) commise par ROGER
(Pierre), 28 ans, portefaix à..... (Yonne).

105. Une contravention pour refus de se-
cours, d'engins, etc., en cas d'incendie et
d'inondation ou autres sinistres ou événe-
ments, par le nommé X....., propriétaire
à..... (Yonne.)

## CHAPITRE V

### FAITS DIVERS.

Nota. — Sans avoir la qualité d'officier de police
judiciaire en matière civile, les chefs de brigade sont
souvent appelés, néanmoins, à recevoir des déclara-
tions, ainsi que les gendarmes. Dans ce cas, il faut
éviter de rédiger les procès-verbaux à la première
personne, et se couvrir, autant que possible, en fai-
sant signer volontairement les plaignants ou les té-
moins, ce qui empêche plus tard bien des ennuis pour
la gendarmerie, si les signataires se contredisent eux-
mêmes devant les tribunaux.

Les chefs de brigade ne sont pas tenus de reproduire,
en tête des procès-verbaux, les instructions données
par les magistrats, et ils doivent conserver dans leurs
archives les demandes de renseignements émanées des
parquets, au lieu de les leur renvoyer avec leurs ré-
ponses (Instructions sur les inspections générales de la
gendarmerie).

106 a. Un incendie, dont la cause est incon-
nue, mais auquel la malveillance paraît être
étrangère ;

---

(1) L'original est toujours adressé au procureur de
la République.

106 *b*. Un incendie accidentel ;

107. Commencement d'incendie accidentel,
Au préjudice du sieur GAVOT (Jean), propriétaire à..... (Creuse). Pertes (4,000 francs environ.) — Assuré pour 3,000 francs ou non assuré.

108. Une blessure accidentelle ou des blessures accidentelles causées par le nommé GRAND (Georges), cultivateur à....., canton de..... (Haute-Savoie), à la nommée MAURIN Marie), journalière audit lieu.

109. Une mort accidentelle du nommé JUDE (René), 21 ans, cultivateur à..... (Cantal), tombé sous les roues de sa voiture ou noyé dans la rivière de.....

110. Un suicide par immersion ;

111. Un suicide par asphyxie ;

112.  —  par strangulation ;

113.  —  à l'aide d'une arme à feu ;

114. Un suicide à l'aide d'un instrument tranchant ;

115.  —  sous les roues d'un train en marche, etc.,
Du nommé LOCHON (Jean), 50 ans, banquier à..... (Dordogne), ou d'un individu dont l'identité n'a pu être reconnue.

116. Les recherches infructueuses en vertu d'un signalement n° 1 du nommé PARIS (Jean), déserteur du 19e de ligne ou insoumis de la classe 1880.

117. Les recherches infructueuses en vertu d'un état signalétique du nommé PARIS (Jean), soldat de 2e classe au 19e de ligne, manquant aux appels du.....

118. Les recherches infructueuses en vertu d'un mandat d'amener ;

119. Les recherches infructueuses en vertu d'un extrait de jugement ;

120. Les recherches infructueuses en vertu d'un extrait de jugement.

Du nommé HARGOIN (Georges), cultivateur à..... (Calvados).

121. De nouveaux renseignements sur un vol commis au préjudice du sieur BONNET (Jean), propriétaire à.,.. (Orne). Auteur inconnu ou auteur soupçonné, le nommé....., etc., etc.

122. Une perquisition infructueuse (service des postes) faite dans la voiture et sur la personne du nommé DÉJASE (Louis), conducteur de la voiture de Limoges à Bellac (Haute Vienne).

123. Des renseignements sur la position de fortune et de famille du nommé GUY (Alexandre), soldat au 1er dragons, qui demande à rentrer dans ses foyers comme soutien de famille, — ou réserviste de la classe 18....., qui demande un sursis ou une dispense pour la prochaine période d'instruction.

124. Déclaration d'une plainte portée à la gendarmerie par le nommé CHABAS (Jean), cultivateur à....., canton de (Eure), contre le nommé FERT (Pierre), maquignon à....., carton de..... (Orne).

125. Déclaration d'une plainte en adultère portée à la gendarmerie, par la dame X....., ménagère à..... (Haute-Garonne), contre son mari, négociant au même lieu, et la nommée Y....., âgée de....., sans profession, demeurant

à..... (Haute-Garonne). — (Ou inversement, pour la plainte d'un mari contre sa femme).

## CHAPITRE VI.

### PRÉVÔTÉS.

126. Un délit de chasse en temps prohibé commis par le nommé ANDRÉ (Charles), soldat de 2e classe au 20e chasseurs à cheval.

127 La mise en vente d'un quartier de porc ladre et avarié par le nommé THOMAS (Jules), âgé de 55 ans, cantinier au 102e d'infanterie.

128. Un vol de bouteilles de vin dans une ferme par des militaires (auteurs inconnus).

129. L'arrestation en flagrant délit d'espionnage du nommé SCHWARTZ (Auguste), âgé de 33 ans, sans profession, se disant domicilié à Bruxelles.

130. La disparition du sieur GEORGES (Charles), âgé de 49 ans, domestique, attaché à la personne de M. le général X..., commandant le 15e corps d'armée.

131. Une contravention pour défaut de plaque commise par le sieur..... cantinier patenté au 17e régiment d'infanterie.

132. La saisie d'un broc de lait falsifié ou altéré, mis en vente par le nommé..... âgé de 40 ans, épicier à......

132. La saisie d'une série de poids faux, non vérifiés et non poinçonnés, appartenant au sieur....., qui en fait habituellement usage dans son commerce.

132. Une arrestation d'un cantinier disant

se nommer BERTRAND (Jules), né à ....,
le..... de..... et de....., porteur d'une patente
fausse.

133. Des recherches infructueuses, en vertu
d'une commission rogatoire, de divers objets
soustraits frauduleusement au sieur L..., âgé
de 27 ans, boulanger à Vervins (Meuse).

# Librairie militaire Henri CHARLES-LAVAUZELLE

## Paris. 11, place Saint-André-des-Arts.

**Recueil de la jurisprudence à l'usage de la gendarmerie**, par E. CORSIN, capitaine de gendarmerie, officier d'académie. — Volume in-8° de 398 pages, relié toile anglaise ...................... 6 »

**Questionnaire général** sur les règlements, lois et différents services de la gendarmerie, à l'usage des MM. les officiers et chefs de brigade, par V. BOLLOT, chef d'escadron de gendarmerie, officier de la Légion d'honneur (10e édition, mise à jour et augmentée). — Volume in-18° de 144 pages ........ 1 50

**Dictionnaire des connaissances générales utiles à la gendarmerie**, par le général L. AMADE, membre du Comité technique de la gendarmerie, et pour la partie administrative, par E. CORSIN, chef d'escadron de gendarmerie (9e édition 1894). — Fort volume in-8° de 830 pages, broché...... 5 »
Relié toile anglaise........................ 6 »

**Dictionnaire du gendarme.** Instruction, service, devoirs, obligations, droits, intérêts personnels et de famille. — Vol. in-32 de 216 pages, relié toile 1 50

**Guide formulaire de la gendarmerie** dans l'exercice de ses fonctions de police judiciaire, civile et militaire, contenant plus de 400 formules de procès-verbaux appropriés à toutes les circonstances et répondant à tous les besoins, par Etienne MEYNIEUX, docteur en droit, procureur de la République à Limoges (8e mille). — Vol. in-8° de 540 p., rel. toile 6 »

**Guide pratique des gardes champêtres des communes et des gardes des particuliers,** suivi d'un commentaire détaillé des lois du 3 mai et du 22 juin 1844 sur la police de la chasse et d'un petit dictionnaire contenant les délits et contraventions que les gardes des communes et des particuliers ont à constater, ainsi que de nombreux modèles de procès-verbaux, par Marcel GRÉGOIRE, secrétaire général de préfecture. — Volume in-18 de 212 pages, broché........................ 3 »